Ernst Ferstl

GEDANKENERNTE

Aphorismen

© 2025 Ernst Ferstl

Verlag: BoD · Books on Demand GmbH, In de Tarpen 42,

22848 Norderstedt, bod@bod.de

Druck: Libri Plureos GmbH, Friedensallee 273, 22763 Hamburg

ISBN: 978-3-7693-2697-0

Copyright Aphorismen: Ernst Ferstl

                          www.gedanken.at

Layout: Angelika Ferstl

Wo die Liebe

den Ton angibt,

spielt die Herzlichke t

die erste Geige.

Geht es einem gut,

fällt es einem leichter,

Gutes zu tun.

Optimisten

sind grundsätzlich

auf Dur gestimmt.

Wer Vortänzer werden will,

muss aus der Reihe

tanzen können.

Wir sollten unserer Zufriedenheit gelegentlich einen Liegestuhl anbieten.

Wer für das Vergangene dankbar ist, tut sich mit Neuanfängen leichter.

Wer seinen eigenen Weg gehen will, sollte auch immer zu seinem Weg stehen.

Essen ist ein Breitensport, Denken ein Spitzensport, Schimpfen ein Volkssport.

Die Liebe ist ein großer Garten,

die Liebenden sind

die Gärtnerinnen und Gärtner.

Abenteuerlust

macht

erlebnishungrig.

Wer leicht und schnell

Feuer fängt,

ist ständig in Gefahr,

verheizt zu werden.

Wichtige Entscheidungen

sind Weichensteller.

Ansichten lassen sich

leichter teilen

als Einsichten.

Will man wissen,

was hinter

manchen Antworten steckt,

muss man sie hinterfragen.

Was man nicht wahrhaben will,

wird gerne falsch verstanden.

Der gesunde Menschenverstand

versteht auch

etwas von Gefühlen.

Manche kommen erst dann

richtig in Fahrt,

wenn sie sich gehen lassen.

Sitzt man zwischen zwei Stühlen,

liegt man wahrscheinlich

nicht richtig.

Wer sich mehr zutraut,

kann mehr erreichen.

Eine Zeit des Überflusses

ist immer auch

eine Zeit der Verschwendung.

Die Haltung eines Menschen

zeigt sich in seinem Verhalten.

Was für die einen

voll in Ordnung ist,

ist für andere

voll daneben.

Fragen zu stellen ist wichtiger,

als Antworten zu bekommen.

Wer sich im Weg steht,

geht wenigstens

nicht zu weit.

Was bereits in aller Munde ist,

ist nicht mehr der Rede wert.

Heutzutage

braucht man viel Mut,

um guten Mutes zu sein.

Auch Gleichgesinnte

sind sich nicht immer

einig.

Das Wort „Aufgabe"

versteht man an guten Tagen

anders als an schlechten.

Wer auf nichts verzichten will,

muss dafür alles

in Kauf nehmen.

Mitläufer

haben Überholverbot.

Eine Lieblingsbeschäftigung

der Menschen

mit einem Heiligenschein:

Andere hinters Licht führen.

Auch von jedem Umweg

gibt es einen Weg zurück.

Ist die Freude

kleiner als die Vorfreude,

war die Erwartung zu groß.

Die uns recht geben,

nehmen wir immer ernst.

Dass die Zeit vergeht,

merkt man vor allem dann,

wenn sie uns davonläuft.

Unsere Stärken und Schwächen

reden viel zu wenig

miteinander.

Die für etwas kämpfen,

können mehr erreichen,

als die gegen etwas kämpfen.

Wo man sich immer

zusammenreißen muss,

setzt man sich nicht gern

zusammen.

Wer außer sich ist,

läuft Gefahr,

zu weit zu gehen.

Prinzipienreiter sitzen

am liebsten auf dem hohen Ross.

Viel zu wissen,

heißt noch nicht,

immer weiter zu wissen.

Wer glaubt,

dass das Einfache

einfach wäre,

macht es sich zu leicht.

Gelegentlich verliert man

vor lauter Wegen

das Ziel aus den Augen.

Wer an zu vielem zweifelt,

verzweifelt mit der Zeit.

Mit einem Brett vor dem Kopf

sollte man lieber nicht

mit dem Feuer spielen.

Wer sich nach

den anderen richtet,

weiß nie,

in welche Richtung es geht.

Zur Ellbogentechnik gehört auch,

dass man anderen ein Bein stellt.

Wenn der Weg weg ist,

ist auch das Ziel weg.

Gedanken, die uns durch

den Kopf gehen,

brauchen Auslauf.

Was uns ins Gesicht

geschrieben steht,

lässt sich nicht

einfach ausradieren.

Jeder Mensch hat Ausreden,

die er sich nicht ausreden lässt.

Das Wichtigste für manche

ist ihre Wichtigkeit.

Was fragwürdig ist,

lässt sich in Frage stellen,

aber nicht immer beantworten.

Das Naheliegende liegt uns

oft gar nicht so am Herzen.

Was sich nicht sagen lässt,

lässt sich höchstens

andeuten.

Wer viel leistet,

darf sich mehr Fehler leisten.

Wer sich über Kleingkeiten

freuen kann, hat oft

Grund zur Freude.

Auch jede noch so billige Ausrede

hat ihren Preis.

Unsere Lebensweise

wird von unseren Gewohnheiten

mitbestimmt.

Was für sich spricht,

ist leicht gesagt.

Wo die Worte fehlen,

bliebt vieles ungesagt.

Über anders Denkende

brauchen wir nicht viel zu wissen,

den Rest können wir

uns ja denken.

Probleme sind auch dazu da,

dass wir an ihnen wachsen,

noch bevor sie uns

über den Kopf wachsen.

Nachhaltige Vorurteile

halten länger.

Die Ausdauer allein reicht nicht

für einen dauerhaften Erfolg.

Manche Leute haben

so ein dickes Fell,

dass ihnen nichts mehr

unter die Haut geht.

Menschen,

die man durchschaut,

sieht man mit anderen Augen.

Hat ein Wort großes Gewicht,

hinterlässt es

einen tiefen Eindruck.

Die viel von uns halten,

geben uns Halt,

weil sie immer zu uns halten.

Weil jeder ständig die Nase

vorn haben will,

können sich viele nicht riechen.

Das ausgesprochene Wort

spricht uns direkter an

als das geschriebene.

Das Verstecken ist ein Kinderspiel,

von dem sich viele

nie trennen wollen.

Wer sich nur

über Wasser halten will,

schwimmt lieber mit

als gegen den Strom.

Alleswisser können alle Fragen

im Voraus beantworten.

Bloß weil wir friedfertig sind,

müssen wir uns nicht alles

gefallen lassen.

Wer das Unglück

nur aus zweiter Hand kennt,

kann sich glücklich schätzen.

Die meisten brauchen

für ihre Schnapsideen

gar keinen Alkohol.

Wer nie Zeit für uns hat,

will nichts mit uns zu tun haben.

Was uns zu denken gibt,

sollten wir gut überdenken.

Wenn Frauen sich

etwas zu sagen haben,

spielt Zeit keine Rolle.

Was Persönlichkeiten

auszeichnet,

ist ihre menschliche Größe.

In leeren Versprechen

haben viele Worte Platz.

Die Bescheidenheit

benutzt gerne Nebenstraßen.

Jedes Vorurteil

hat mindestens

einen Hintergedanken.

Wer die ungeschriebenen Gesetze
des Daseins kennt,
sollte sie lieber nicht aufschreiben.

Denkpausen verschaffen
Freiräume im Kopf.

Wenn sich zwei Menschen
nichts zu sagen haben,
beruht das meistens
auf Gegenseitigkeit.

Früher haben wir mehr geglaubt,
heutzutage zweifeln wir mehr.

Die Welt der Andersdenkenden

und Anderslebenden

ist eine andere.

Die Mode ist in erster Linie

eine Frauensportart.

Wer das Denken, Reden und Tun

anderer studiert,

lernt sich auch

selbst besser kennen.

Wahrheit

schafft Klarheit.

Eine offene Tür einzurennen
ist intelligenter, als mit der Tür
ins Haus zu fallen.

Wir sollten nicht alles Moderne
gutheißen, nur weil es bei vielen
gut ankommt.

Auch Gefühle altern.

Auch wer immer
mit der Zeit geht,
entkommt ihr nicht.

Sich nicht zu viele Sorgen

zu machen, ist eine wichtige

Form der Selbstfürsorge.

Wer sich gehen lässt,

will nicht zu sich kommen.

Auch eine Unterforderung

kann überfordern.

Ernstgenommen

zu werden

ist oft Anerkennung genug.

Das Nichtgesagte

ist der Schatten des Gesagten.

Eine Begegnung,

die keinen Eindruck hinterlässt,

sollte man einfach

hinter sich lassen.

Das Weltbild mancher Leute

gleicht einer naiven Malerei.

Wer sein Leben gut meistern will,

muss viel üben.

Nächstenliebe ist keine Arbeit,

sondern eine Aufgabe.

Schönheit hat den Nachteil,

dass man sich irgendwann

satt sieht.

Schwarzmaler treiben es

mit ihrer Kunst gerne

besonders bunt.

Wer eine Grenze ziehen will,

muss wissen, wo sie ist.

Die Scheinheiligkeit

heiligt alle Mittel.

Eine bequeme Lösung

ist meistens keine gute.

Glück und Unglück

wollen nichts miteinander

zu tun haben.

Wer sich ein Ziel setzt,

sollte sich unverzüglich

auf den Weg machen.

Ein Weg kann einem Ziel

im Weg stehen.

Wer etwas zuwege bringen will,

sollte den Weg kennen.

Die Dummheit

weiß nicht,

was Dummheit ist.

Die rasante Zunahme

der Gedankenlosigkeit

ist bedenklich.

Die Dummheit
ist eine Wissenschaft für sich.

Gute Laune
kann man immer
gut brauchen.

Zu einer guten Menschenkenntnis
gehören auch schlechte
Erfahrungen.

Gefühle,
die unter die Haut gehen,
haben Tiefgang.

Sogar der Platz an der Sonne
hat seine Schattenseiten.

Je mehr wir voneinander lernen,
desto besser verstehen wir
einander.

Schwachsinn wird auch
mit starken Worten
nicht sinnvoll.

Die Macht der Liebe
macht sogar Unmögliches
möglich.

Menschen, die schwer

in Ordnung sind,

sind leichter zu ertragen.

Wer mit sich selbst

nichts anzufangen weiß,

geht anderen gern

auf den Geist oder auf die Nerven.

Drückt man

beide Augen zu,

ändert sich die Sichtweise total.

Was zeitlos ist,

hat die Zeit auf seiner Seite.

Es gibt mehr Gedanken,

die wir verfolgen, als Gedanken,

die uns verfolgen.

Jeder Umweg kann

zu einem wichtigen

Lehrpfad werden.

Der Herdentrieb

ist ein Geschenk

für alle Hirten.

Nächstenliebe-Üben

heißt manchmal auch

Nachsicht-Üben.

Wir würden mehr Weltbürger

brauchen –

und weniger Wutbürger.

Langeweile ist Leben

im Leerlauf.

Auch die Dummheit denkt –

aber nur an sich.

Niemand lässt sich

gerne nachsagen,

dass er Vorurteile hätte.

Will man sein Wort halten,

muss man hinter ihm stehen.

Wer etwas aufgeben will,

muss sich davon

trennen können.

Wo alle übereinstimmen,

stimmt etwas nicht.

Wer etwas durchsetzen will,

sollte überlegen,

ob er das auch durchstehen kann.

Warmherzigkeit

ist Herzlichkeit

mit viel Wohlfühlwärme.

Wer es weit bringen will,

muss gelegentliche

Enttäuschungen

hinter sich lassen können.

Dass die anderen

anders denken,

sollten wir ihnen nicht verdenken.

Was bleibt,

hat Zukunft.

Wer uns eine Grube graben will,

gehört auf die Schaufel

genommen.

Einen alten Unsinn

durch einen neuen zu ersetzen,

ist ein sinnloser Fortschritt.

Glück ist,

wenn sich das Leben

von seiner Schokoladenseite zeigt.

Reizüberflutung

ist eine Wohlstandskrankheit,

die gerne in Kauf genommen wird.

Der Humor hat immer

Appetit auf gute Laune.

Was man in einer Liebesbeziehung

zu schätzen weiß,

sollte man auch

zu schützen wissen.

Wer das meiste

instinktiv falsch macht,

tickt nicht richtig.

Es wird mehr Überflüssiges

gesagt als gedacht.

Ein gemeinsames Wir

braucht zwei eigene Ich.

Einander gut zu verstehen

heißt nicht,

mit allem einverstanden

zu sein.

Wer viel vom Leber haben will,

muss ihm viel Raum

und viel Zeit geben.

Was uns innerlich erfüllt,

schenkt uns Zufriedenheit.

Brutal:

Wer sich nicht verheizen lässt,

wird auf Eis gelegt.

Umwege zeigen uns

eine unbekannte Umgebung.

Wenn das Leben

allen Menschen heilig wäre,

gäbe es keine Kriege.

Jeder Zeitraum hat

seine besonderen

Augenblicke.

Ohne Ziel

bleibt der Weg

auf der Strecke.

Was wir sollen, ist klar.

Unklar ist, ob wir es auch

wollen.

Toleranz heißt nicht,

dass einem alles

gleichgültig ist.

Was sich herumspricht,

spricht für sich.

Wenn bei
gemischten Gefühlen
die Mischung stimmt,
fühlen wir uns wohl.

Um normal zu bleiben,
muss man erst einmal
normal sein.

Was wir unterlassen,
lässt uns oft
lange nicht in Ruhe.

Offenheit vergrößert
unser Weltbild.

Nichts ist schwerer,

als sich eine liebgewonnene

Gewohnheit abzugewöhnen.

Was die Leute unter sich

über uns sagen,

sagt viel über sie aus.

Wir haben mit Gott

viel mehr zu tun,

als wir glauben.

Grund-Satz:

Was uns gut tut, zulassen –

was uns nicht gut tut, weglassen.

Viele Träume

wehren sich

erfolgreich dagegen,

Wirklichkeit zu werden.

Man kann hoffen,

dass etwas eintritt –

oder hoffen,

dass etwas ausbleibt.

Liebenswerte Menschen

sind wohlwollend.

Lügner betreiben

Gedankenverschmutzung.

Schlechte Erfahrungen

machen uns vorsichtiger,

aber auch dankbarer

für gute Erfahrungen.

Für den Augenblick

ist die Ewigkeit ein Fremdwort.

Persönlichkeiten sind wichtiger,

als sie sich nehmen.

Man weiß,

was man tun könnte,

aber man will oft

nichts davon wissen.

Manche Erfahrungen
sind Lernbelästigungen.

In die Lage eines anderen
kann man sich erst versetzen,
wenn man ihn inwendig
und auswendig kennt.

Die uns etwas vorspielen,
erwarten von uns,
dass wir mitspielen.

Für einen Augenblick Stille
sollten wir immer Zeit haben.

Gerade die wenig haben,

müssen viel sparen.

Eine hohe Schulbildung

und eine hohe Herzensbildung

sind zwei verschiedene

Paar Schuhe.

Manches kommt nicht so,

wie wir denken – sondern so,

wie es kommen muss.

Aufgeweckten Menschen

gelingt es leichter,

ein traumhaftes Leben zu führen.

Wer nicht alles mitbekommt,

hat weniger Ängste.

Wer das Sagen hat,

kommt immer

zu Wort.

Dass das Einfache

leicht wäre,

ist zu einfach gedacht.

Bei der Arbeit an sich selbst

gibt es kein Streikrecht.

Wer aus dem Rahmen fällt,

fällt schneller auf.

Ein Kopf

kann nicht denken,

wenn er leer ist.

Manche Probleme lassen

sich durch ein Gespräch lösen,

andere vergrößern sich dadurch.

Eine geteilte Meinung

ist immer noch ein ganze.

Manche Lügen

verstecken sich

hinter einem Schweigen.

Jede üble Nachrede

hat eine Vorgeschichte.

Wer sich auf Neues einlässt,

muss Altes loslassen.

Wer sich totlacht,

hat gute Chancen,

das ohne bleibenden Schaden

zu überleben.

Ohne Worte

könnten wir uns

keine Gedanken machen.

Sich geborgen zu fühlen,

ist ein Zeichen von Glück.

Eine langweilige Unterhaltung

ist immer viel zu lang.

Wohin soll das führen,

wenn immer mehr Menschen

zu weit gehen?

Wer nichts auslassen will,

muss sich auf alles

einlassen.

Ohne eigene Meinung

gelingt jede Kehrtwendung

problemlos.

Die Bewegung der Gleichgültigen

will gar nichts bewegen.

Nehmen wir zu viel

auf die leichte Schulter,

kann es leicht

zu Schwierigkeiten kommen.

Gottvertrauen

ist der Schutzengel

unseres Glaubens.

Die Sehnsucht nach Nähe

ist ein Grundnahrungsmittel

unserer Sinnlichkeit.

Das Zwischenmenschliche

braucht viel Menschlichkeit.

Es gibt mehr Menschen,

die das Richtige wollen,

als Menschen,

die das Richtige tun.

Was uns zusagt,

spricht für sich.

Die Wirkung dessen,

was wir nicht tun,

ist schwer einzuschätzen.

Die Massentauglichkeit

der Dummheit

ist nicht zu übersehen

und nicht zu überhören.

Was unseren Kopf überfordert,

wächst uns über kurz oder lang

über den Kopf.

Dauert die Vorfreude zu lang,

kommt das Vergnügen zu kurz.

Das Glück zerspringt

in tausend Scherben,

wenn das Unglück zuschlägt.

Gleichgültigkeit kann manchmal

ein Stück Freiheit bedeuten,

aber eben nur manchmal

und nur ein Stück.

Auch was wir

nicht getan haben,

kann uns belasten.

Langes Warten

ist immer noch besser

als etwas versäumen.

Wer immer

mit dem Strom schwimmt,

geht selten baden.

Meistens wissen wir die Wahrheit,

aber wir wollen sie oft

einfach nicht wahrhaben.

Nur wer zur Ruhe kommt,

kann in sich ruhen.

Zerreden

ist auch nicht besser

als verschweigen.

Der Aberglaube fordert

einen besonders

starken Glauben.

Wir können

nur beherzigen,

was uns nahe geht.

Verlässlichkeit ist gut,

aber manchmal wäre

ein Loslassen besser.

Ein Wald zählt mehr

als die Summe der Bäume.

Das Hauptproblem unserer Zeit

ist nicht der rasante Fortschritt

des Wissens,

sondern das Zurückbleiben

der Herzensbildung.

Auch wer hoch übers Ziel schießt,

trifft irgendetwas.

Was notwendig ist,

ist wichtig und wesentlich.

Wer von innen leuchtet,

braucht keinen Heiligenschein.

Wer zu oft

ein Auge zudrückt,

hat irgendwann

das Nachsehen.

Wer sich immer zu wichtig nimmt,

wird über kurz oder lang

unwichtig.

Anderen im Weg zu stehen,

ist eine passive Aktivität.

Im Rückblick

werden unsere Taten

oft größer oder kleiner.

Wer auf der Stelle tritt,

bleibt zurück.

Das Mittelmaß findet

den gesunden Durchschnitt

spitze.

Wer oft zu weit geht,

zieht über kurz oder lang

den Kürzeren.

Das Hinnehmen

fällt den meisten Menschen

leichter als das Hergeben.

Zeit, die man intensiv nutzt,

vergeht gefühlsmäßig schneller.

Schwarz-Weiß-Denker

sehen schwarz,

wenn sie Farbe bekennen sollen.

Wer überall mitlacht,

braucht keinen Humor.

In der Dunkelheit

denkt man anders

über das Licht.

Die Natur ist immer natürlich,

der Mensch nicht immer

menschlich.

Wir sollten dafür sorgen,

dass die Pessimisten

weniger oft recht haben.

Wer viel im Kopf hat,

hat meistens auch

viel um die Ohren.

Nimmt uns jemand

unsere Geradlinigkeit krumm,

sollten wir einen großen Bogen

um ihn machen.

Gefühle sprechen

eine eigene Sprache.

Eine Tradition,

die nicht mehr geschätzt wird,

verliert ihren Wert.

Begeisterung

hat keinen Rückwärtsgang.

Wer immer auf das Schlimmste
gefasst ist, unterschätzt
das Gute im Menschen.

Wer dem Glück nachjagt,
kann unglücklich stürzen.

Alle reden von der Erderwärmung.
Von der Zunahme
der menschlichen Kälte
hört man nichts.

Machen wir uns nichts vor:
Wir wissen oft nicht,
was dahintersteckt.

Menschen, von denen wir

geschätzt werden,

sollten wir zu schätzen wissen.

Wir sollten uns

nicht mehr aufhalsen,

als unser Kopf aushält.

In Menschen, die uns liegen,

können wir uns gut

hineinversetzen.

Ständige Reizüberflutung

führt mit der Zeit

zu einer Empfindungslosigkeit.

Wer merkt, dass er

keine Rolle mehr spielt,

spielt anderen oft etwas vor.

Zu viel reden

ist genauso schlecht

wie zu wenig denken.

Eine Langeweile

dauert meistens viel länger,

als man will.

Es kann ins Auge gehen,

wenn wir ein Auge zudrücken,

weil wir etwas Bestimmtes

nicht sehen wollen.

Mit Menschen, mit denen
man spielend zurechtkommt,
sollte man keine Spielchen
spielen.

Was einzigartig ist,
ist nicht zu ersetzen.

Wer ein Gefühl
für seine Gefühle hat,
kann seine Gefühle
besser zeigen.

Auf dem Land führen
die beliebtesten Pilgerwege
von Kirchenwirt zu Kirchenwirt.

Es ist leichter,

älter zu werden als gescheiter.

Auch was man

geschenkt bekommt,

hat seinen Preis.

Die Schwächen

eines Mitmenschen

wahrzunehmen und

nicht auszunutzen,

zeigt von charakterlicher Stärke.

Der Weg zum Erfolg

geht vom Kopf aus.

Was für sich spricht,

muss man gar nicht aussprechen.

Wer den eigenen Weg

zu zweit gehen will,

braucht ein eindeutiges,

gemeinsames Ziel.

Menschen, auf die wir stehen

und die zu uns stehen,

dürfen uns am Herzen liegen.

Sie sind dort bestens aufgehoben.

Auch in schwierigen Zeiten

gibt es schöne Augenblicke.

Ungeduld verlängert

die Wartezeit.

Nicht verlieren

ist gelegentlich wichtiger

als gewinnen.

Wer glaubt,

alles besser zu wissen,

ist ein schlechter Ratgeber.

So zu tun,

als hätte man viel zu tun,

macht viel Arbeit.

Das Vordenken gelingt erst,

wenn man nachgedacht hat.

Ein blühender Garten

ist eine Geschenkpackung

für unsere Augen.

Das Schönste und Wichtigste

an einem Garten

ist nicht der Gartenzaun.

Wer ein heißes Eisen

anpacken will,

braucht einen kühlen Kopf.

Wer auf sein Herz hört,

spürt das Leben.

Gedankenlosigkeiten

lassen sich breittreten,

aber nicht vertiefen.

Bei Menschen,

die man durchschaut,

drückt man leichter

ein Auge zu.

Eine Antwort ohne Frage

ist äußerst fragwürdig.

Ehrlichkeit ist ein guter Schutz

vor Gewissensbissen.

Die voll daneben sind,

sollte man nicht

für voll nehmen.

Gläubige Menschen

glauben nicht nur

an sich selbst.

Angeber tun sich

fürchterlich schwer,

etwas zuzugeben.

Was käuflich ist,

ist nie kostenlos.

Eine Zeit,

die voll mit Leere ist,

ist eine verlorene.

Lebensfreude ist

ein wichtiges Lebensmittel.

Was wir nicht schlucken,

brauchen wir nicht

zu verdauen.

Fühlt sich unser Lebensgefühl

gut an, geht es uns bestens.

Von den meisten Leuten

kann man alles haben,

solange man nichts braucht.

Eine dicke Freundschaft

kennt kein Übergewicht.

Wenn sich etwas gut anhört,

verbreitet es sich

von Mund zu Mund.

Was uns gestohlen bleiben kann,

hat keinen Wert für uns.

Wer glaubt,

über den Dingen zu stehen,

liegt oft falsch.

Wer wählerisch ist,

will eine Auswahl haben.

Glasklare Gedanken

sind leicht

zu durchschauen.

Dankbarkeit ist der Schlüssel

zur Zufriedenheit.

Auch die besten Reden

lassen ein paar Fragen offen.

Bei manchen Leuten

spart man viel Zeit und Nerven,

wenn man den Umgang mit ihnen

umgehen kann.

Wer nichts tut,

hat keine Zeit für Pausen.

Wer die Liebe für ein Spiel hält,
muss mit Spielverderbern
rechnen.

Wer ständig unter Strom steht,
ist immer geladen.

Wo niemand an das Gute glaubt,
sollte man sich möglichst schnell
entfernen.

Wo alles gesagt ist,
ist jede Frage überflüssig.

Wer uns auf den Zeiger geht,

geht uns über kurz oder lang

auch auf den Wecker.

Fürs Selberdenken

gibt es keinen Ersatz.

Wenn man einander gut versteht,

sind Meinungsverschiedenheiten

Nebensachen.

Unsere Wurzeln zeigen uns,

wo unser Platz ist.

Nicht alle Menschen,

die gut reden können,

können auch gut denken.

Wer sich mit etwas

zufrieden gibt,

ist oft gar nicht

zufrieden damit.

Auch Lichtgestalten

werfen einen Schatten.

Vielseitig interessierte Menschen

schöpfen aus vielen Quellen.

Zu denken, was andere

über uns denken,

ist Kopfarbeit, die nichts bringt.

Pessimisten bevorzugen

ihre dunklen Gedanken,

Optimisten ihre hellen.

Wer Dummköpfe

belehren will,

geht meistens leer aus.

Das Lachen über kranke Witze

ist alles andere als gesund.

Menschen, denen es

an innerer Schönheit fehlt,

legen großen Wert

auf Äußerlichkeiten.

Wir wissen, was in uns steckt,

aber einen Teil davon

verstecken wir sicherheitshalber.

Ehrlichkeit

ist keine Beleidigung.

Unser Denken beeinflusst

unsere Gefühle

mehr als wir denken.

Wenn der Klimawandel

keinen Sinneswandel auslöst,

werden wir uns alle

bald warm anziehen müssen.

Auch wer nicht an Wunder glaubt,

kann gelegentlich

sein blaues Wunder erleben.

Die Unruhe

kennt keine Feiertage.

Die Neugier ist immer

viel größer

als jedes Schlüsselloch.

Fortschritt?

Die früher Mitläufer waren,

sind heutzutage Trittbrettfahrer.

Wer sich leicht einwickeln lässt,

hat es schwer,

sich zu entfalten.

Passende Worte

sollten zutreffend sein.

Von einer Frau solle Mann

nicht verlangen, dass sie immer

Herr ihrer Gefühle ist.

Auch unter der schweigenden

Mehrheit gibt es

unzählige Schwätzer.

Wer uns Liebe gibt,

schenkt uns

Glücksmomente.

Jede üble Nachrede

hat eine Vorgeschichte.

Einfache Menschen sind

der Wahrheit oft näher

als kompliziert Denkende.

Je größer die Versprechungen,

desto größer die Gefolgschaft.

Wo das Geld

das Maß aller Dinge ist,

gibt es kein Maßhalten.

Die Untreue hat viele

heimliche Verehrer.

Nichtdenker

ersparen sich

das Umdenken.

Selbstvertrauen hilft

bei der Entsorgung von Sorgen.

Vertrauen

ist für jede Beziehung

ein Grundnahrungsmittel.

Will ein Aphorismus bestehen,

müssen die Worte sitzen.

Viele Leute

haben keine Ahnung davon,

was ihre Vorurteile anrichten.

Wir sollten gelegentlich

auspacken, sonst packen uns

die anderen irgendwann ein.

Man kann sich

auch etwas anhören,

ohne zuzuhören.

Was wir notwendig brauchen,

ist wichtiger, als was wir haben.

Wer aus wenig

viel machen will,

hat sehr viel zu tun.

Bei Fragen, die der Verstand

allein nicht beantworten kann,

ist auch das Herz gefragt.

Wer immer mit

dem Schlimmsten rechnet,

verrechnet sich oft.

Jedes starke Gefühl

ist ein Gipfelerlebnis für sich.

Ein ehrlicher Aberglaube

ist glaubwürdiger

als ein vorgetäuschter Glaube.

Zuhören

ist eine wichtige Form

von Teilnahme.

Eine natürliche Freundlichkeit

macht immer Freude.

Die innere Schönheit

eines Menschen

sieht man mit dem Herzen.

Jede Religion ist auch

eine Gebrauchsanleitung

für ein sinnvolles Leben.

Was und wie wir

denken und fühlen,

formt unseren Charakter.

Was wir für lächerlich halten,

ist keine Frage unseres Humors.

Vorwarnung:

Wer nach den Sternen greift,

greift höchstwahrscheinlich

ins Leere.

Kraft hilft nicht viel,

wenn es an Willen fehlt.

Kreative Menschen träumen

nicht nur in der Nacht.

Wer allein ist,

kann es sich aussuchen,

ob er sich in guter oder

in schlechter Gesellschaft

befindet.

In einer verrückten Welt

sind die Verrückten die Normalen.

Der Preis der Freiheit

ist die Verantwortung.

Was man nicht vergessen kann,

merkt man sich länger.

Ein Vielleicht sagt sich

viel leichter

als ein Nein.

Das Scheitern zeigt uns nur,

dass wir noch gescheiter

werden müssen.

Nicht alles, was wir

zu wissen glauben,

ist auch wahr.

Wer verstanden werden will,

muss mit Missverständnissen

rechnen.

Das Miteinander

macht das Leben reich.

Wenn du merkst, dass du

viel zu weit gehst,

geh einfach nicht mit!

Die Technik entwickelt

sich weiter. Aber wie ist das

mit den Menschen?

Kleine Ungerechtigkeiten

regen viele Menschen

mehr auf als große.

Im Umgang mit Rücksichtslosen

ist besondere Vorsicht geboten.

Wer aufs falsche Pferd

gesetzt hat, darf nicht mehr

auf dem hohen Ross sitzen.

In unserer Zeit ist es wichtig,

dem Zeitgeist nicht zu viel

Zeit zu opfern.

Was aus unserem Mund

kommt, sollte sich

hören lassen können.

Es ist nicht notwendig,

sich zu ändern – es genügt,

dass wir uns entwickeln.

Das Warten dauert länger,

wenn der Geduldsfaden

kurz ist.

Was man nicht sehen

und nicht hören will,

zeigt, wo man steht.

Manchen Leuten muss man

sogar das Nachmachen

vormachen.

Vielleicht ist die Sonne

nur deswegen so heiß,

dass wir Abstand von ihr halten.

Viele Menschen haben

vor einer Wahrheit

mehr Angst als vor einer Lüge.

Wenn wir dort reden,

wo wir hören sollten,

reden wir aneinander vorbei.

Die Erde dreht sich pausenlos
um sich selbst, und viele
Erdenbürger nehmen sich
ein Beispiel an ihr.

Die Moral hängt auch
von der Gewissensbildung ab.

Das Glück ist ein Ziel,
das viele verfehlen,
weil sie sich selbst
im Weg stehen.

Es sind oft die kleinen Dinge,
die das große Lebensglück
ausmachen.

Das Wissen wächst,

die Dummheit

dummerweise auch.

Wer die Sprache beim Wort

nehmen will, muss

auch schweigen können.

Wenn die Gewohnheiten

unser ganzes Leben bestimmen,

werden wir bestimmt

so gut wie nichts

Außergewöhnliches erleben.

Die Dummheit leidet

an Überbevölkerung.

Anhängliche Menschen
sind unfreiwillig treu.

Weil zu viele viel zu viel
haben müssen,
haben viel zu viele
viel zu wenig zum Leben.

Von der Schönheit kann man
nicht herunterbeißen,
aber sie macht großen Appetit.

Wer zu viele Eisen im Feuer hat,
verbrennt sich irgendwann daran.

Wer über andere spricht,

sollte ganz genau zuhören.

Manche Leute sind

mit allen Wassern gewaschen,

nur vom Weihwasser

halten sie Abstand.

Irgendwann wird jede

liebgewonnene Gewohnheit

langweilig.

Den Gefühlen der Kopfmenschen

fehlt es an Herzlichkeit.

Die KI hat eine große Schwäche:

Sie kann nicht

zwischen den Zeilen lesen.

Eine Halbwahrheit

kommt selten allein.

Das Bild, das andere

von uns haben, entspricht

ihren Vorstellungen –

aber nicht unseren.

Solange man nichts

verändern will, passt alles.

Eine große Dummheit

hat denselben Ursprung

wie eine kleine.

Im Jetzt haben wir

alle Zeit der Welt.

Wer den Verstand verloren hat,

kann nicht mehr

zur Vernunft kommen.

Es ist so:

Irgendwer hat irgendwann

immer irgendetwas dagegen.

Wer etwas loslassen will,

muss das erst einmal zulassen.

Dass wir alle

ein Großhirn haben,

heißt nicht, dass alle

großzügig denken können.

Die Liebe liebt

das Spielerische.

Für hochfliegende Pläne

ist Aufwind

besser als Rückenwind.

Vorteil oder Nachteil?

Gewohnheiten verwöhnen uns.

Wo die Kurzsichtigen

den Ton angeben,

hat die Weitsichtigkeit

oft das Nachsehen.

Eintagsfliegen lässt

die Klimaerwärmung kalt.

Wo die Vielfalt

nicht erwünscht ist,

hat die Einfalt das Sagen.

Der Verdacht, dass Menschen
ohne Hirn auch kein Herz haben,
bestätigt sich immer wieder.

Wer zu schnell nachgibt,
hat oft das Nachsehen.

Für manche Leute ist die Stille
nichts anderes als eine
unerwünschte Ruhestörung.

Zur Selbsterkenntnis
gehören gelegentlich
auch Selbstzweifel.

Wo keine Menschlichkeit

zu finden ist,

ist der Mensch verloren.

Begeisterung sollte nie

in eine Besessenheit ausarten.

Die Unfallgefahr

mit Retourkutschen

wird sträflich unterschätzt.

Tiefe Gedanken können sich

keine Oberflächlichkeit

leisten.

Im gesunden Menschenverstand
steckt viel Weisheit.

Im schiefen Licht
kann eine Dummheit
wie eine Weisheit
aussehen.

Wer alle Hoffnungen
verloren hat,
hat nichts mehr zu verlieren.

Der Weg ist gelegentlich
viel wichtiger als das Ziel.

Wer das Unglück fürchtet,

kann das Glück nicht genießen.

Wer sich viel Zeit

für glückliche Augenblicke nimmt,

hat wenig Zeit

zum Unglücklichsein.

Eine Krise ist normalerweise

noch lange keine Katastrophe.

Rechtzeitiges Schweigen

ist ein gutes Mittel,

um sich abzugrenzen.

Der tiefere Sinn des Lebens

besteht darin, das Leben zu lieben

und die Liebe zu leben.

Ein stilles Lächeln

sagt oft viel mehr

als ein lautes Lachen.

Eine glückliche Kindheit

ist ein wertvolles Startkapital

fürs ganze Leben.

Wo nur Zahlen zählen,

ist die Sprache nicht viel wert.

Wo alle einer Meinung sind,

ist eine Zweitmeinung

unerwünscht.

Wer seinen Mund halten kann,

kann besser zuhören.

Eine gemeingefährliche

Kombination:

menschliche Dummheit

und künstliche Intelligenz.

Was auf der Hand liegt,

ist immer naheliegend.

Wer mit den Aufgaben wächst,

gibt nicht so leicht auf.

Normale Menschen

sind normalerweise

mittelmäßig.

Es ist nur eine Frage der Zeit,

bis die künstliche Intelligenz

künstliche Gefühle anbietet.

Wer sich für andere einsetzt,

sollte bei uns immer

hoch im Kurs stehen.

Wer glaubt, andere anschnauzen

zu müssen, ist hundsgemein.

Wer brennende Fragen

nicht ernst nimmt,

spielt mit dem Feuer.

Ein guter Tipp:

Wenn dich jemand

hinters Licht führen will,

geh einfach nicht mit!

Nähe ist immer auch

ein Entgegenkommen.

Wer hinter dem steht,
was er sagt, sollte das
ohne Hintergedanken tun.

Ein wertvolles Geschenk:
Wer uns Gehör schenkt.

Wo alles seinen Lauf nimmt,
bleibt das Unerwartete
auf der Strecke.

Wer reinen Tisch machen will,
sollte nichts
unter den Tisch fallen lassen.

Starke Worte machen

einen Schwachsinn

nicht glaubwürdiger.

Was sich bewahrheitet,

sollten wir immer ernst nehmen.

Auch die nichts zu sagen haben,

suchen nach Menschen,

die ihnen Gehör schenken.

Manchen Leuten fehlt es

nicht an Worten,

wohl aber an Tatkraft.

Ob ein Schweigen

ehrlich gemeint ist,

ist schwer zu sagen.

Wer sich verläuft,

bleibt wenigstens nicht

auf der Strecke.

Manchmal braucht man

den Gegenwind,

um das Vorankommen zu spüren.

Auch wer seinen

eigenen Weg geht,

kann sich verlaufen.

Was man nur so nebenbei sagt,

meint man oft gar nicht so,

wie es sich anhört.

Wenn es gegen den gesunden

Hausverstand geht,

sind sich alle Dummköpfe einig.

Was wir beherzigen,

geht uns näher,

als was wir bedenken.

Was man nachvollziehen kann,

kann man irgendwie

auch verstehen.

Dass alles zwei Seiten hat,

ist nur eine grobe Schätzung.

Heitere und

lebensfrohe Menschen

haben kein Talent

zum Pessimismus.

Was in einem Menschen steckt,

ist nicht auf den ersten Blick

zu erkennen.

Wer sich mehr Zeit

für weniger nimmt,

hat mehr davon.

Wer uns keine Wahl lässt,

hat sich gegen uns entschieden.

Wenn man glaubt,

dass alles schön rund läuft,

kommt das Leben

mit einer neuen Aufgabe

um die Ecke.

Wenn der Hass in Fahrt kommt,

ist ein Bremsversagen

vorhersehbar.

Wo alle einer Meinung sind,

gibt es keine Meinungsfreiheit.

ERNST FERSTL SPRUCH-KLASSIKER:

Zeit, die wir uns nehmen,

ist Zeit, die uns etwas gibt.

Gerade weil wir alle

in einem Boot sitzen, sollten wir

froh darüber sein, dass nicht alle

auf unserer Seite stehen.

Die mit Abstand

beste Nerven-Heil-Anstalt

ist die freie Natur.

Das Gute fängt im Kopf an,

das Beste im Herzen.

Anders Denkende sind oft

ganz anders als wir denken.

AKTUELLE ERNST FERSTL BÜCHER:

2014: "**Ausgedrückte Eindrücke**", BOD

2015: "**Punktgenau**", BOD

2017: "**Wenn ein Wort sitzt,
kann man es stehen lassen**", Bellaprint V.

2018: "**Andenken**", BOD

2018: "**Denkwege**", BOD

2019: "**Denkworte**", BOD

2019: "**Übrigens**", BOD

2020: "**Standpunkte**", BOD

2020: "**Sozusagen**", BOD

2021: "**Randnotizen**", BOD

2021: "**Ansätze**", BOD

2022: "**Unter uns gesagt**", BOD

2022: "**Wahrnehmungen**", BOD

2023: "**Bedenkzeit**", BOD

2024: "**Nachdenken macht nachdenklich**", BOD

ERNST FERSTL

Der 1955 in Niederösterreich
geborene Dichter und Denker
nimmt sich jeden Tag Bedenkzeit.

In dieser schreibt er seine Gedanken auf,
mitten aus dem Leben heraus,
mit Hirn, Herz und Humor.

So entstehen Aphorismen, Sprüche,
Lebensweisheiten, Gedichte und Kurztexte.

Ferstls Sprache kann als sensibel und einfühlsam
bezeichnet werden, er versucht seine Eindrücke
in einer verständlichen und einfachen Sprache
auszudrücken. Seine Werke bringen Gedanken und
Gefühle auf den Punkt.

Er hat bisher mehr als 40 Bücher
in österreichischen und deutschen Verlagen
veröffentlicht. Beruflich war er 40 Jahre
Hauptschullehrer, in Pension.

Infos über den Autor und seine Bücher:
www.gedanken.at

Kontakt: ernstferstl@aon.at